ELIS REGINA
PARA MENINES

FICHA TÉCNICA:

SUR Editora

Coordenador editorial:
Eliandro Rocha

Autor: Antônio Schimeneck
Revisão: Eliandro Rocha

Ilustrações: Otávio Bressane
Projeto gráfico: Estúdio Kiwi

Dados Internacionais de Catalogação na Publicação (CIP)
(Câmara Brasileira do Livro, SP, Brasil)

Schimeneck, Antônio
    Elis Regina : para menines / Antônio Schimeneck ; coordenação Eliandro Rocha ; ilustração Otávio Bressane. -- Florianópolis, SC : Sur Distribuidora de Livros, 2022. -- (Para menines)

ISBN 978-65-5920-003-0

1. Biografias - Literatura infantojuvenil
2. Cantoras - Brasil - Biografia 3. Regina, Elis, 1945-1982 I. Rocha, Eliandro. II. Bressane, Otávio. III. Título. IV. Série.

22-111045   CDD-028.5

Índices para catálogo sistemático:

1. Biografia : Literatura infantil 028.5
2. Biografia : Literatura infantojuvenil 028.5

Eliete Marques da Silva - Bibliotecária - CRB-8/9380

Minha história é antiga. Não é de hoje que apronto por aí. Fui usada para conservar e dar sabor aos alimentos e, de tão requisitada na antiguidade, me compararam ao ouro e à prata...

Alguns membros da minha família surgiram no continente indiano. Lembram daquele navegador, o Colombo? Quando aportou nas Américas, lá pelo ano de 1453, chegou perguntando pelas especiarias prediletas dos europeus, a pimenta-do-reino, ele pensou que havia chegado à Índia, mas encontrou mesmo foi uma diversidade de pimentas verdes, vermelhas e... ardidas.

Foi pimenta se espalhando por todo lugar.

Hoje, além de tornarmos as receitas mais picantes, até descobriram propriedades medicinais em nossa composição.

Mas não estou aqui para revelar os meus segredos.

Quero falar de outra pimenta, tão ardida quanto a mais potente das minhas companheiras. Seu nome? Elis Regina. Uma brasileira que ganhou o mundo com sua voz.

Coube a Seu Romeu a tarefa de registrar a filha. O funcionário do cartório estranhou:

– Esse nome não pode. Serve tanto para guri quanto para guria. Onde arranjou esse nome?

Eram uns tempos esquisitos, mas Seu Romeu explicou:

– Artes de Dona Ercy... e ai de mim se chegar com outro nome na certidão.

Depois de pensar um pouco, decidiu acrescentar mais um nome para evitar confusões futuras:

– Pois então, vamos chamá-la de Elis Regina Carvalho Costa.

Quando a família aumentou com a chegada de outro filho, o Rogério, Seu Romeu e Dona Ercy decidiram se mudar do Navegantes para o IAPI, onde as crianças teriam mais espaço para brincar no enorme pátio e nas praças arborizadas espalhadas pelo bairro operário.

Diz a lenda que, durante um almoço de domingo, a avó de Elis pediu um presente:

– Quero que tu cantes no *Clube do Guri*.

A garota ficou animada, pois cantar para ela era comum durante as reuniões familiares. Mas quando chegou o dia de enfrentar os microfones da Rádio Farroupilha...

Foi Ary Rego, o apresentador, anunciar seu nome e ela travou, não houve santo que a fizesse emitir uma nota musical.

Dona Ercy voltou para casa com a decepção estampada no rosto:

– Imagina, me fazer passar uma vergonha dessas, guria. Nunca mais, hein?!

Mas ela voltou.

Depois das aulas de piano com uma vizinha, Elis pediu para se apresentar no famoso programa de calouros.

Dona Ercy, da plateia, tinha o olhar apreensivo.

No palco, uma pálida Elis. A ponta da luva rasgada à dentadas e o branco do vestido rendado manchado pelo sangue escorrendo do nariz. Tudo pelo medo de não ser perfeita. Só que, desta vez, ela não desistiu.

Não demorou para se tornar a secretária do programa.

Mas não pense que Dona Ercy dava moleza só porque a filha fazia sucesso no meio musical porto-alegrense. Podia cantar, dizia ela, mas nada de deixar os estudos de lado. Queria uma professora na família...

Há histórias que se tornaram famosas do tempo escolar de Elis. Como num dia em que a mestra de francês do tradicional Instituto de Educação Flores da Cunha não resistiu e colocou para fora toda sua implicância com a cantora iniciante. Para a professora, cantar era coisa de gente sem compromisso com a vida.

Elis entristeceu.

Quando Dona Ercy soube do acontecido, tomou providências. Embarcou no bonde e foi até a escola. Disse poucas e boas para a diretora. Resultado, a professora acabou deixando o Instituto e Elis pôde acabar o ano letivo.

E do programa do Seu Ary Rego, Elis foi para a Rádio Gaúcha, assinou contrato e começou a receber salário, o que foi de grande ajuda em casa, pois Seu Romeu não conseguia se estabilizar em nenhum emprego depois de demitido da empresa em que trabalhara por alguns anos.

A capital do Rio Grande do Sul ficou pequena para Elis. Ela queria conhecer os centros musicais do Brasil. Em março de 1964, desembarcou com o pai no Rio de Janeiro, cheia de projetos, sonhos e medos. Mal sabia que começava um dos períodos mais sombrios da história do país, a ditadura militar.

No famoso bairro de Copacabana, espremida entre prédios residenciais, havia uma travessa sem saída com algumas casas noturnas onde se podia ouvir o melhor da música brasileira produzida no início dos anos 1960. Como os vizinhos se incomodavam com o barulho, o local passou a se chamar Beco das Garrafas. Sim, os moradores jogavam objetos nos boêmios. Elis começou a se apresentar ali.

Era impossível não prestar atenção naquela garota vinda do sul do país. Sotaque carregado, estrábica, baixinha e dona de um vozeirão afinadíssimo. Surgiram convites para cantar em outros locais. E ela aceitou. Quem não gostou muito foi o produtor musical Ronaldo Bôscoli, responsável pela programação da casa onde Elis se apresentava. Ele começou a bronquear por conta dos atrasos da jovem cantora.

Um dia, Elis chegava para mais um show e ele, Ronaldo, tirava aos gritos o anúncio com o nome dela. A pimenta mostrou todo seu poder de ardência. Elis não queria mais vê-lo nem pintado de ouro.

Um ano depois de chegar à cidade maravilhosa, Elis participou do I Festival da Música Popular Brasileira. Aconselhada pelo seu coreógrafo, Lennie Dale, protagonizou uma verdadeira natação na hora de cantar Arrastão, música de Edu Lobo e de Vinícius de Moraes. Ela girava tanto os braços que alguns a chamaram de Hélice Regina, ou ainda de Elis-cóptero. Não deu outra, ela levou o primeiro lugar no festival.

1965, o ano em que Elis ganhou o primeiro lugar no festival, também marcou a estreia de *O Fino da Bossa*, programa de televisão em que ela e Jair Rodrigues recebiam os novos e os antigos talentos da música brasileira. A dupla fez tanto sucesso que permaneceu no ar por três anos.

Elis colecionava prêmios e o mundo começou a exigir sua presença.

Paris adorava Elis. Lá, tem um teatro lendário, o Olympia. Pisar naquele palco é a glória para qualquer artista. Elis foi a primeira cantora a se apresentar duas vezes no mesmo ano na famosa casa de espetáculos. Além disso, recebeu oito cortinas, ou seja, precisou voltar oito vezes ao palco para agradecer aos aplausos.

Em 1969, chegou a gravar três discos: um no Brasil, outro na Inglaterra e mais um na Suécia.

Mas se na vida profissional tudo ia de vento em popa, o mesmo não acontecia na vida amorosa. Lembram do inimigo número um de Elis, o Ronaldo Boscôli?

Não é que os dois acabaram se casando?

Ela, na flor da juventude. Ele, bem mais velho e um conquistador de primeira grandeza.

O casamento não durou.

Depois de muita turbulência, da coleção de discos do Frank Sinatra dele serem jogados ao mar pela janela da luxuosa casa em que moravam e do nascimento de um filho, o João Marcello, cada um foi para o seu lado.

O coração partido de Elis foi curado aos poucos, e um outro músico ajudou para que ele sarasse por completo, o César Camargo Mariano. Este sim, deu um longo período de paz à Pimentinha, vários discos impecáveis e dois filhos: Pedro e Maria Rita.

A família havia aumentado. Elis queria uma vida mais saudável para os filhos e acabou mudando para uma casa no meio da natureza, na Serra da Cantareira, onde as crianças poderiam brincar longe da poluição da cidade grande onde agora ela vivia: São Paulo.

Elis possuía características bem particulares. Era brava. Competitiva. Quando uma boa cantora aparecia no cenário musical, se colocava na defensiva, com medo de perder o lugar de melhor do Brasil. Mas ao mesmo tempo, era só acolhida com quem começava. Muitos artistas brasileiros de sucesso foram lançados por ela. A porta de sua casa se escancarava aos amigos.

Mas tanta doçura também abrigava o ardor. Era pisar no calo de Elis, que a pimenta se manifestava:

"O CIRCO NÃO DEIXA DE SER UMA CASA BRASILEIRA, NÉ?!"

"A GENTE TEM DE FAZER DAS TRIPAS SENTIMENTO."

"NÃO É FÁCIL TER CINCO CARROS E DEZ EMPREGADOS. EU ATÉ PODERIA TER. SOU UMA MERCADORIA CARA. MAS PREFIRO O MEU JIPE."

"PARA QUEM ESTÁ VIVO, VIVER É UM RISCO."

"NO FUNDO, ACABO ESCOLHENDO QUEM MERECE GOSTAR DE MIM."

"NADA ME SEGURA QUANDO O MAESTRO CONTA UM, DOIS, TRÊS E QUATRO."

"EU QUERO FICAR COMO BIGODE: NAS BOCAS E POR FORA."

"SOU MÚSICO SIM, MEU INSTRUMENTO É A VOZ, ALIADO À PALAVRA. NÃO ACEITO DISCRIMINAÇÃO."

Mas também era capaz de pegar um voo até Brasília, em pleno governo militar, para discutir os direitos dos músicos.

Aliás, ela sofreu maus bocados com a censura. Numa de suas viagens à Europa, Elis disse numa entrevista que o Brasil era:

GOVERNADO POR GORILAS

Coitados dos gorilas, tão inofensivos.

Os militares não deixaram por menos. Ela teve que cantar nas Olimpíadas do Exército, o que desagradou muitos fãs e colegas de ofício.

Mas o que fazer? Eram tempos impossíveis para quem queria ter a liberdade de pensar e de falar.

Findava os anos 1970. Muita coisa mudou na vida de Elis. Ela deixou a casa no meio da floresta e voltou para o ambiente urbano e frenético da grande São Paulo. O casamento com o pai das crianças menores havia acabado. O medo diante da vida pegou a Pimentinha de jeito. A tristeza e a desesperança vieram com ares de fazer morada.

No dia 19 de janeiro de 1982, o Brasil amanheceu embasbacado. Ninguém acreditava que Elis tinha dado entrada, já sem vida, no Hospital de Clínicas em São Paulo. Na noite anterior, ela encontrou com seus músicos mais chegados. Falaram de projetos futuros, de viagens, fizeram planos que jamais aconteceriam.

Uma música do Lô Borges e do Ronaldo Bastos deu nome ao último show de Elis: *Trem azul*. Em determinado momento do espetáculo, ela recitava um texto de Fernando Faro. Nele, encontrou a definição exata do que sua voz representava.

Deixando de ser humana,
se transformava num rastro
espelhado e brilhante,
invadindo casas, cidades...

Sim.
Elis é uma estrela.

Afinal, o que era tudo isso?

GLOSSÁRIO

BONDE: Transporte público de passageiros movido à eletricidade e que circulava pelas cidades através de trilhos de ferro.

CARAVELA: Embarcação de origem portuguesa e muito utilizada na época dos "descobrimentos", quando Portugal estendeu seus limites em colônias pelo mundo.

CLUBE DO GURI: Programa de rádio apresentado por Ary Rego entre os anos de 1950 e 1966 em Porto Alegre, no qual crianças e adolescentes se apresentavam cantando números musicais.

DITADURA MILITAR: Período entre 1964 e 1985 em que militares brasileiros ocuparam o poder político do país de forma arbitrária através de um golpe. Durante esse longo tempo, houve restrição de liberdade, censura e tortura como meios de perpetuação no poder.

MÁQUINA FOTOGRÁFICA: Instrumento utilizado para tirar fotos. Diferente dos aparelhos atuais, que fotografam digitalmente, as antigas precisavam de um rolo de filme que, após utilizado, era revelado em uma loja especializada.

TELEVISOR: Aparelho criado na década de 1920, capaz de reproduzir imagem e som. No Brasil, à época em que Elis Regina e Jair Rodrigues realizavam o programa *O Fino da Bossa*, a maioria dos televisores funcionavam somente com imagens em preto e branco.

VITROLA: Aparelho de som utilizado para ouvir discos de vinil. O disco é colocado no prato giratório, o braço é acionado para que a agulha passe pelos sulcos do LP possibilitando que a música seja escutada.

Nota: Os trechos de falas de Elis Regina, nas páginas 26 e 27, têm a seguinte referência bibliográfica: KIECHALOSKI, Zeca. Elis Regina. 4 ed. Porto Alegre: Editora Tchê, 1984, p. 71-77.

E quem nos contou esta história?

AUTOR: **ANTÔNIO SCHIMENECK**

Moro em Porto Alegre, cidade natal de Elis. Não era ligado em música, até escutar pela primeira vez, na voz dela, *O bêbado e a equilibrista*. Quis saber mais sobre a dona daquela voz. Aos poucos, reuni sua discografia, além de livros e reportagens sobre ela. Sonho com Elis, lamento não ter assistido a um de seus espetáculos. O João Marcello, seu primogênito, diz que a mãe continua cantando como nunca. Completo: seu canto faz cada vez mais sentido. Esta é uma homenagem do meu amor por ela, a extraordinária artista que influencia diretamente o meu jeito de olhar para a vida.
Viva Elis!

ILUSTRADOR: **OTÁVIO BRESSANE**

Desde que me lembro eu desenho. Tenho no Brasil a minha maior inspiração e em nossos artistas as minhas grandes referências. Elis sempre será uma das rainhas no panteão daqueles que eu admiro, é uma honra ilustrar a sua história. Sou formado em Arquitetura e Urbanismo pela Escola da Cidade e Mestre em Urbanismo pelo PROURB-UFRJ. Também sou sócio do Estúdio Kiwi onde desenvolvemos projetos de ilustração e design gráfico em todas as suas aplicações.

Este livro foi impresso na primavera de 2022, pela Gráfica Coan, em papel offset 90 g/m² e composto em tipografia Sofia Pro, Chaloops e Sunbeat.